한글, 세상을 밝힌 우리글

처음부터 제대로 배우는 한국사 그림책 13

한글, 세상을 밝힌 우리글_훈민정음 해례본이 들려주는 한글 이야기

초판 1쇄 발행 2018년 10월 15일
초판 6쇄 발행 2024년 3월 18일

글 장세현
그림 양은아

펴낸곳 도서출판 개암나무(주)
펴낸이 김보경
경영관리 총괄 김수현   **경영관리** 배정은 조영재
편집 조원선 오누리 김소희   **디자인** 이은주   **마케팅** 이기성
출판등록 2006년 6월 16일 제22-2944호

주소 서울특별시 용산구 한남대로40길 19, 4층(한남동, JD빌딩) (우)04417
전화 (02)6254-0601, 6207-0603   **팩스** (02)6254-0602   **E-mail** gaeam@gaeamnamu.co.kr
개암나무 블로그 http://blog.naver.com/gaeamnamu   **개암나무 카페** http://cafe.naver.com/gaeam

ⓒ 장세현, 양은아, 2018
이 책의 저작권은 저자에게 있습니다. 저자와 출판사의 허락 없이 내용의 일부를 인용하거나 발췌하는 것을 금합니다.

ISBN 978-89-6830-486-6 74900
ISBN 978-89-6830-122-3 (세트)

이 도서의 국립중앙도서관 출판시도서목록(CIP)은 서지정보유통지원시스템 홈페이지(http://seoji.nl.go.kr)와
국가자료공동목록시스템(http://www.nl.go.kr/kolisnet)에서 이용하실 수 있습니다.
(CIP제어번호: CIP2018029997)

KC | **품명** 아동 도서 | **제조년월** 2024년 3월 18일 | **사용연령** 10세 이상
제조자명 개암나무(주) | **제조국명** 대한민국 | **전화번호** 02-6254-0601
주소 서울특별시 용산구 한남대로40길 19, 4층(한남동, JD빌딩)

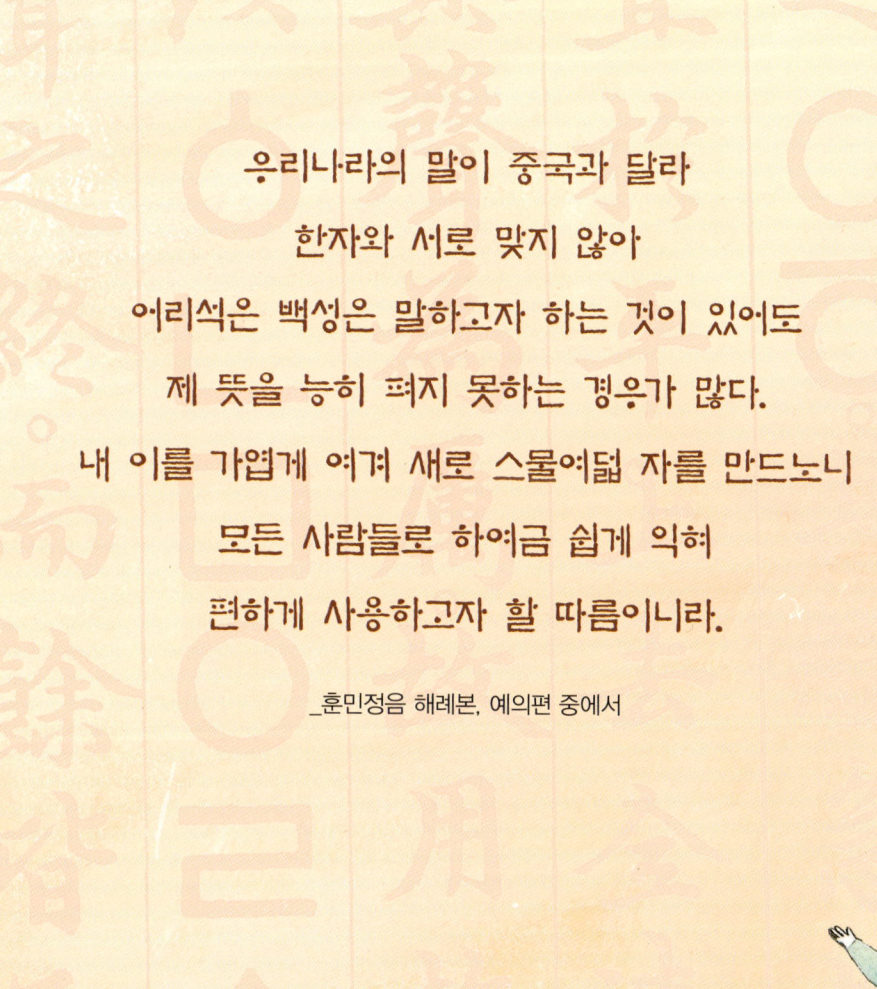

우리나라의 말이 중국과 달라
한자와 서로 맞지 않아
어리석은 백성은 말하고자 하는 것이 있어도
제 뜻을 능히 펴지 못하는 경우가 많다.
내 이를 가엽게 여겨 새로 스물여덟 자를 만드노니
모든 사람들로 하여금 쉽게 익혀
편하게 사용하고자 할 따름이니라.

_훈민정음 해례본, 예의편 중에서

친구들, 안녕! 내가 누구냐고?
먼저 내가 사는 곳을 소개할게.
예로부터 북한산은 우뚝한 산봉우리 세 개가
나란히 솟아 삼각산이라고도 불러.
이 산자락을 끼고 한강이 굽이굽이 휘돌아 흐르는 곳에
서울이 자리해 있지.
조선 시대에는 서울을 한양이라고 불렀어.
한양을 둘러싼 성곽의 북쪽에
성북동이라는 아담한 동네가 있지.
성의 북쪽에 있어서 성북동이라고 부르는데,
바로 이곳에 내가 사는 간송 미술관이 있단다.

사람들은 나를 '훈민정음 해례본'이라 부르곤 해.
훈민정음은 뭐고, 해례본은 또 뭐냐고?
훈민정음은 쉽게 말해서 한글의 본래 이름이야.
너희가 잘 아는 한글은 먼 훗날에 생겨난 말이고,
처음 창제•할 때는 '훈민정음'이라고 불렀어.
해례본은 '훈민정음을 풀이한 책'이라는 뜻이지.
내가 이곳에 오게 된 것은 순전히 전형필 선생 덕분이야.
간송 미술관은 바로 그분의 호•를 따서 지은 이름이란다.

창제 전에 없던 것을 처음으로 만들거나 제정함.
호 본명 이외에 쓰는 이름.

내가 전형필 선생과 처음 인연을 맺은 것은 1940년이야.
알다시피 그때는 악랄한 일제가 우리나라를 지배했어.
우리의 영토를 강제로 수탈했을 뿐 아니라
우리의 정신까지 빼앗으려 들었지.
선조들의 얼이 서린 귀중한 문화재까지
마구잡이로 쓸어 갔단다.
전형필 선생은 이 꼴을 그냥 두고 볼 수가 없어서
전 재산을 들여 문화재를 사 모았어.
어디에 좋은 물건이 있다고 하면
천 리 길도 마다하지 않고 한달음에 달려갔지.
그분에게 문화재를 사 모으는 일은 단순한 취미가 아니라
일제에게서 우리나라를 지키려는 독립운동이었던 거야.

하루는 누군가 전형필 선생에게 귀띔을 했어.
"여보게, 경상도 안동 어느 집에
한글의 비밀을 풀어 줄 귀한 책이 있다고 하네.
그런데 값을 너무 비싸게 부른다는구먼."
전형필 선생은 귀가 번쩍 뜨였어.
"그렇게 귀한 책이라면 값이 문제인가?
지금 당장 같이 가 보세!"
그리하여 선생이 처음 나를
찾아왔어.

전형필 선생은 나를 보자 감격에 겨워 말했어.
"값은 얼마든지 드릴 테니 저에게 책을 넘기시지요.
제가 소중하게 아끼며 잘 보존하겠습니다."
나의 원래 주인이 대답했지.
"선대로부터 물려받은 귀한 책입니다.
집안 사정이 어려워져 마지 못해
내놓는 것이니 기와집 한 채 값은
받아야겠습니다."

선대 조상의 세대.

이 말을 듣고 선생과 같이 온 분이 대꾸했어.
"예끼, 여보시오! 아무리 그래도 그렇지 책 한 권에
기와집 한 채 값을 달라니…… 너무 비싸지 않소!"
이에 선생이 손을 저으며 말했어.
"아니오! 민족의 귀한 보물인데,
기와집 한 채 값은 제대로 된 대접이 아니오.
열 채 값을 드리리다!"
선생의 말에 두 사람은 놀라
입이 딱 벌어졌단다.

이제야 말이지만 선생은 나의 진정한 가치를
한눈에 알아보았어.
자신이 모은 수많은 문화재 가운데서도
나를 유난히 아끼고 사랑했거든.
선생은 나를 얻은 것을 한동안 비밀에 부쳤어.
일제에 발각되어 빼앗길까 두려워서였지.
선생은 광복이 되고 나서야 비로소 나를 공개했어.
하지만 곧 6.25 전쟁이 터지고 말았지.
선생은 목숨이 왔다 갔다 하는 위험한 상황에서도
나를 지키기 위해 안간힘을 썼어.
오동나무 상자에 나를 넣고, 품에 간직한 채 피란길을 떠났으며,
잠들 때조차 나를 잃어버리지 않으려고
베개 삼아 머리에 베고 잠들었어.
이토록 눈물겨운 노력 덕분에
나는 무사히 살아남아
간송 미술관에 보금자리를 틀게 되었단다.

이제 나는 간송 미술관뿐 아니라
나라에서도 매우 귀중하게 여기는 보물이 되었어.
그래서 수장고 깊은 곳에 보관되어 있지.
귀한 대접을 받아 기분이 좋기도 하지만
대부분의 시간을 혼자 보내니
심심하고 따분할 때가 많아.
이따금 전시회가 있을 때 바깥 나들이를 하는데,
그 시간이 가장 즐겁고 행복해.
관람객들이 나를 보기 위해 구름처럼 몰려들면
유명한 연예인이 된 기분이랄까?
오늘도 나는 관람객들과 만날 날을
손꼽아 기다리고 있단다.

그런데 쉿, 잠깐만…… 귀를 기울여 봐!

"흐흑…… 흐흐흑 흐흐흑……."

어둠 저편에서 누군가 흐느끼는 소리가 들려.

"거기 누구신가요?"

내 목소리를 들었는지 흐느끼던 소리가 잠시 멎었어.

"흑, 저예요!"

"저라니…… 도대체 누구죠?"

가만히 살펴보니 얼마 전 내 곁을 떠났던 '아래아(ㆍ)'였어.

나는 혀를 차며 말했어.
"쯧쯧, 세상 구경을 하겠다고 나가더니……
왜 훌쩍거리며 돌아온 거야?"
아래아는 눈물을 훔치며 대답했어.
"세상이 제가 생각했던 거랑 너무 많이 달랐어요."
"뭐가?"
"세상에 나가면 귀한 대접을 받을 줄 알았는데,
그러기는커녕 저의 존재조차 찾을 수 없었어요.
교과서에도 없고, 소설책에도 없고…….

그뿐만이 아니에요.
세상은 너무 어지러웠어요.
한글이 너무 심하게 오염되어서
멀미가 날 지경이었어요.
거리의 간판들에는 외래어가 가득하고,
인터넷에는 '뷁', '헐퀴'같이
듣도 보도 못한 말들이
어지럽게 떠돌고 있었어요.
청소년들이 하는 말은 알아듣기 힘들 정도로
난해하게 변해 버렸고요."

난해하다 뜻을 이해하기 어렵다.

23

아래아는 몹시 실망한 얼굴로
한숨을 푹 내쉬었어.
한동안 무슨 생각에 잠긴 듯하더니
매우 심각한 표정으로 내게 말했지.
"저, 궁금한 게 생겼어요."
"응? 뭔데……?"
"이번에 세상 구경을 하면서
사람들이 저를 완전히
잊었다는 걸 깨달았어요.
아무 쓸모가 없는 존재라고 생각하니
너무 괴로워요.
나는 누구인가? 어떻게 생겨났을까?
문득 나 자신에 대해 궁금해졌어요.
내가 어떻게 탄생했는지 알고 싶어요.
얘기해 주실 수 있지요?"
아래아의 눈빛은 매우 간절했어.

나는 아래아의 등을 어루만져 주었어.

"흠…… 그래, 누구나 자신의 뿌리가 궁금하기 마련이지.
먼저 너에게 알려 줄 게 있는데……
너는 결코 혼자가 아니라는 거야.
네게는 삼 형제가 있단다."

내 말에 아래아의 눈이 휘둥그레졌어.

"예? 삼 형제라면 저 말고도 형제가 두 명
더 있다는 말이에요? 그게 누구죠?"

"차차 알게 될 테니 너무 서두를 거 없어.
그전에 네가 알아야 할 게 있단다."
"뭔데요?"
"바로 '훈민정음'이 탄생하게 된 과정이야.
훈민정음이 탄생한 과정을 알면
너의 궁금증은 저절로 풀릴 거야."
"아, 그렇다면 빨리 들려주세요!"
아래아는 진지한 표정으로 귀를 기울였어.

조선 시대에는 우리 민족의 고유 문자가
따로 없어서 중국의 한자를 빌려 썼어.
우리말을 한자로 쓰다 보니 불편한 점이 많았지.
더구나 한자는 익히기가 매우 어려운 글자야.
그래서 백성들은 배울 엄두를 못 내고 주로 양반들만 사용했지.
백성들은 하고 싶은 말이 있어도
글을 쓸 줄 모르니 벙어리나 다름없었어.
글을 읽을 줄 몰라 억울한 일을 당하기도 했지.
이를 매우 딱하게 여긴 임금이 있었는데, 바로 세종 대왕이야.

세종 대왕은 내게 아버지 같은 분이야.
나를 세상에 태어나게 하셨으니까.
훈민정음의 탄생 과정은 무척 험난했단다.
문자를 만드는 게 쉬운 일이 아니거든.
혼자서 할 수 있는 일도 아니고 말이야.

세종 대왕은 백성들이 쉽고 편하게 쓸 수 있는
글자를 만들기 위해 집현전 학자들과
머리를 맞대고 궁리했어.
학식 있는 신하들을 중국에 유학 보내
공부하게 하고, 자신도 책을 보며
연구에 연구를 거듭했지.
그렇게 밤낮없이 책을 보아서
눈이 짓무를 정도였단다.

그런데 이런 세종 대왕의 발목을 잡는 사람들이 있었어.
최만리를 비롯한 조정*의 몇몇 신하들이었지.
그들은 한글 창제를 반대하는 상소*를 줄기차게 올렸어.
"전하, 중국과 다른 문자를 만드는 것은
큰 나라를 모시는 예의에 어긋나며,
스스로 오랑캐가 되는 길입니다.
새로운 문자를 만들면 아니 되옵니다."
세종 대왕은 그들을 설득하느라 골머리를 앓았단다.

조정 임금이 나라의 정치를 신하들과 의논하거나 집행하는 곳. 또는 그런 기구.
상소 나랏일에 관하여 잘못된 부분을 바로잡기 위해 신하가 임금에게 글을 올리던 일.

세종 대왕은 신하들이 한글 창제를 반대하는 이유도 잘 알고 있었어.
지금 생각하면 반대하는 이들의 주장이 터무니없지만
조선 시대 사대부들의 입장에서는 아주 얼토당토않은
얘기도 아니었지.

사대부 문무 양반을 일반 평민층에 상대하여 이르는 말.

당시 중국은 스스로를 세상의 중심이라 여기고,
주변의 여러 나라와 민족을 오랑캐라고 낮잡아 불렀어.
그런데 사대부들은 조선을 작은 중국이라고 여기며 오랑캐와 구별지었지.
이런 까닭에 중국의 문자인 한자를 사용해야 마땅하다는 게
사대부들의 생각이었어.
당시 오랑캐로 불리던 변방의 몽골이나 거란, 여진 등은
자기들의 문자가 따로 있었거든.
우리도 따로 문자를 만들면 그들과 같아진다는 논리였지.
조선 시대 사대부들은 중국의 사상인 성리학을 공부한
유학자들이어서 이런 생각을 할 만도 했어.

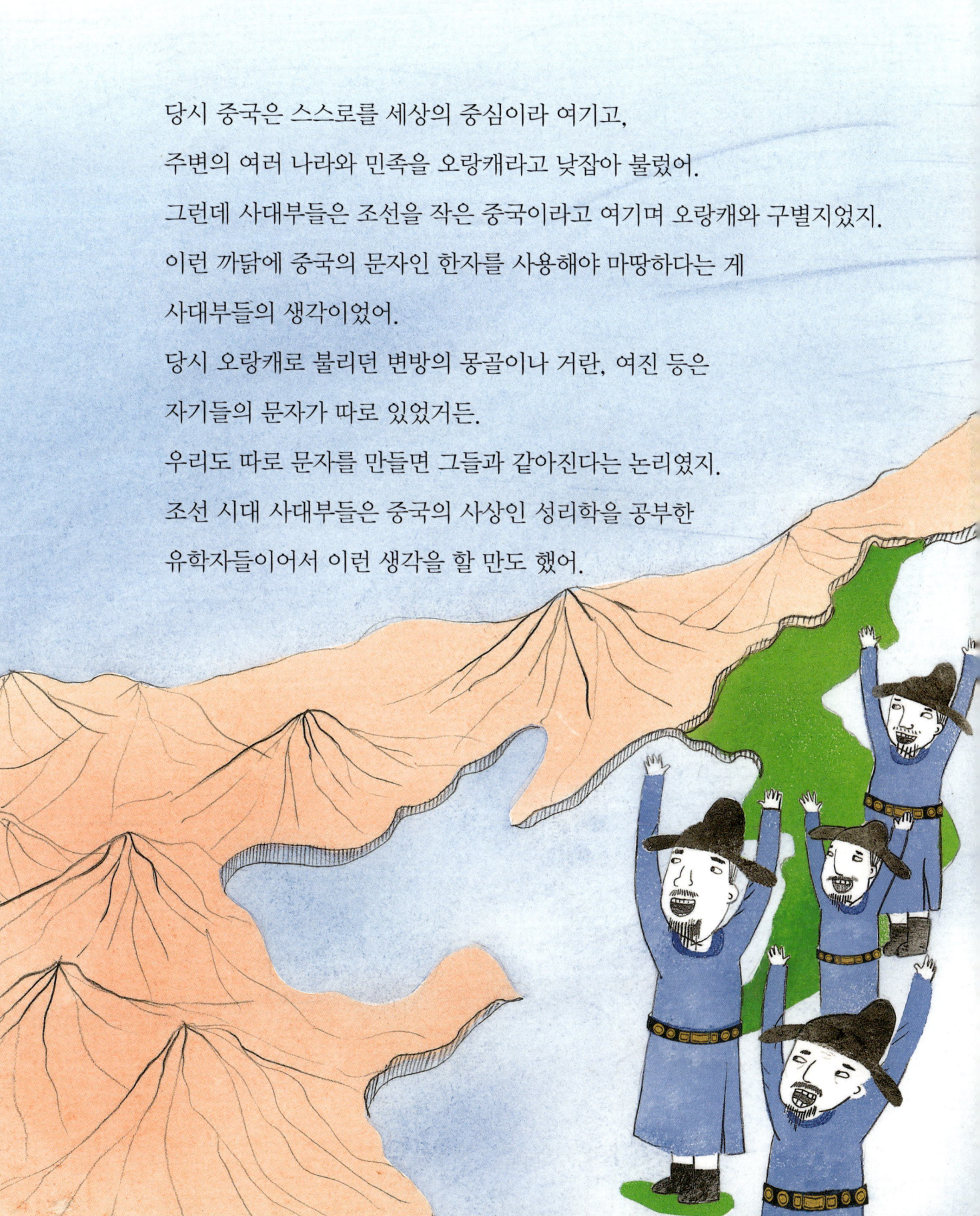

몇몇 신하들의 격렬한 반대에도
세종 대왕은 뜻을 굽히지 않았어.
신하들 역시 고집을 꺾지 않았지.
시간이 지날수록 신하들의 상소가 점점 더 거세졌어.
세종 대왕은 화가 나서 버럭 소리를 질렀단다.
"그대들은 대체 어느 나라의 대신들이오?
내 나라 내 백성이 쉽고 편하게 쓸 글자를 만들겠다는데
어찌 중국의 눈치만 살피며 반대를 일삼는 게요?
여봐라, 저자들을 당장 감옥에 가두어라!"
결국 최만리를 비롯한 신하들은 의금부 감옥에 갇혔어.

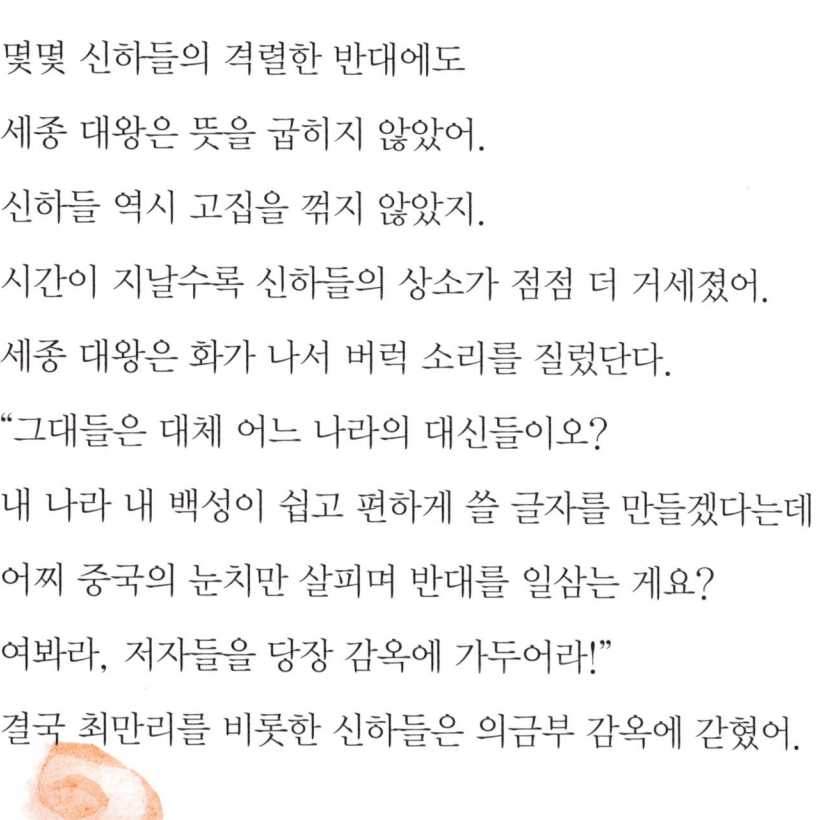

하지만 세종 대왕은 다음 날 그들을 모두 풀어 주었어.
정말 벌을 주려던 게 아니라 그들이 자신의 뜻을
알아 주길 바랐던 것뿐이었거든.
비록 한글 창제를 반대하긴 했지만
그들도 모두 세종 대왕이 아끼는 신하들이었어.
반대파의 우두머리 격인 최만리는
학식이 높고 성품도 올곧았어.
다만 세종 대왕의 뜻을
잘 헤아리지 못했을 따름이지.

세종 대왕은 신하들의 반대에 굴하지 않고
뚝심 있게 자신의 뜻을 밀고 나갔어.
그리하여 1443년, 마침내 훈민정음을 창제했단다.

하지만 훈민정음을 곧바로 백성들 앞에 내놓지 않았어.
3년 동안 더 다듬고 연구한 다음, 1446년에 비로소 반포*했지.
그때를 떠올리면 너무 감격스러워서 지금도 눈물이 날 지경이야.

반포 세상에 널리 퍼뜨림.

훈민정음의 탄생 과정을 모두 이야기하자 나는 속이 후련했어.
아래아는 가슴을 쓸어내리며 말했지.
"우아, 정말 힘드셨겠어요!
하마터면 한글 창제가 물거품이 될 뻔했군요!"

"물론이지. 그랬다면 나뿐만 아니라
너도 태어나지 못했을 거야.
세종 대왕이 내놓은 훈민정음 28자 속에
네가 들어 있었으니까."
"정말요? 그런데 훈민정음이 28자라고요?
제가 세상 구경을 나갔을 때는
자음과 모음을 합쳐서 24자이던데요."
아래아는 이상하다는 듯 고개를 갸웃거렸어.

나는 그 이유를 설명했어.
"맨 처음 글자를 만들 때는 28자였는데,
시간이 흐르면서 4자가 사라져 24자가 된 거야."
"아니, 그토록 힘들게 만든 글자가 왜 사라졌어요?"
"일부러 없앤 건 아니고, 자연스레 쓰이지 않게 되었거나
발음이 비슷해서 다른 글자에 흡수된 거지."
내 말을 듣고 아래아는 씨무룩한 얼굴로 말했어.
"음…… 이제야 알 것 같아요."
"알 것 같다니…… 뭘?"
"제가 세상에서 없어진 이유를요.
사라진 4자 속에 제가 들어 있는 거지요?"
나는 말없이 고개를 끄덕였어.
아래아는 금방이라도 울음을 터뜨릴 듯했지.

"너무 슬퍼하지는 마! 너는 비록 사라졌지만
아예 쓸모없어진 건 아니니까.
넌 한글에서 없어서는 안 될 아주 소중한 존재란다."
"그만두세요. 애써 절 위로할 필요 없다고요!"
"위로하려는 게 아니라 사실이란다.
아까 너에게 형제들이 있다고 했지?
다른 형제들을 만나면 그 이유를 알 수 있을 거야."
아래아는 금세 얼굴이 밝아졌어.
"어떻게 하면 그 형제들을 만날 수 있지요?"
"간절한 마음을 담아서 크게 한번 소리쳐 봐!"

아래아는 손나팔을 만들고 크게 소리쳤어.
"형제들아, 어디 있니? 보고 싶다!"
메아리가 울려 퍼지고 그 메아리 끝에 아래아의 두 형제
'ㅡ'와 'ㅣ'가 모습을 드러냈어.
아래아는 두 형제를 만나자 몹시 기뻤어.
"자, 이제 너희 삼 형제가 어떻게 태어났는지
알려 줄게. 잘 들어 봐!"

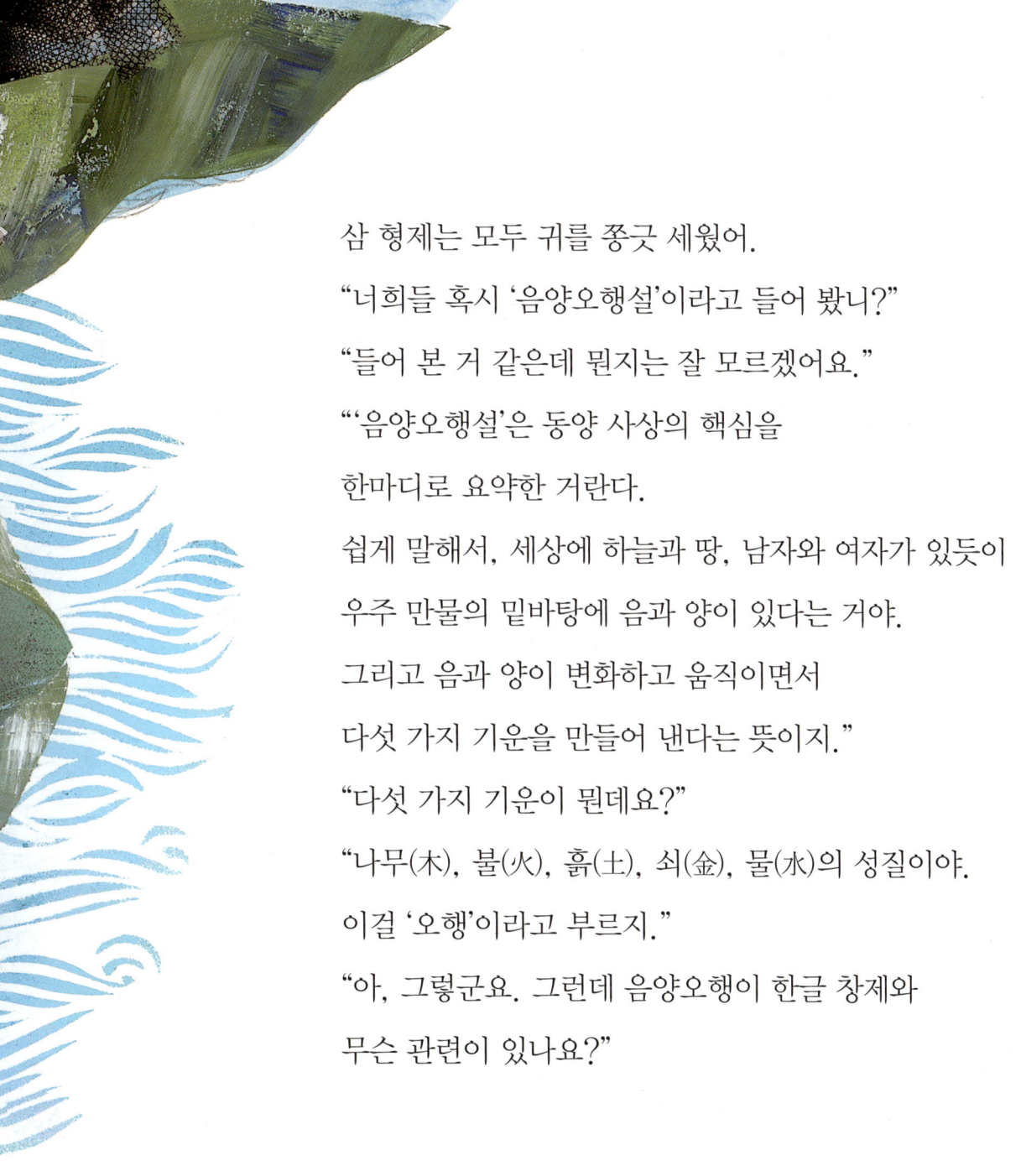

삼 형제는 모두 귀를 쫑긋 세웠어.
"너희들 혹시 '음양오행설'이라고 들어 봤니?"
"들어 본 거 같은데 뭔지는 잘 모르겠어요."
"'음양오행설'은 동양 사상의 핵심을
한마디로 요약한 거란다.
쉽게 말해서, 세상에 하늘과 땅, 남자와 여자가 있듯이
우주 만물의 밑바탕에 음과 양이 있다는 거야.
그리고 음과 양이 변화하고 움직이면서
다섯 가지 기운을 만들어 낸다는 뜻이지."
"다섯 가지 기운이 뭔데요?"
"나무(木), 불(火), 흙(土), 쇠(金), 물(水)의 성질이야.
이걸 '오행'이라고 부르지."
"아, 그렇군요. 그런데 음양오행이 한글 창제와
무슨 관련이 있나요?"

"아주 깊은 관련이 있단다.
세종 대왕은 새로운 문자를 만들기 위해
우리말을 오랫동안 관찰하고 연구했어.
그 결과, 말소리에 두 가지 구성 요소가 있다는 걸 깨달았지.
바로 자음과 모음이야.
이 두 가지가 어울려 말소리를 이루지.
세종 대왕은 음양오행설을 근본으로 삼아
자음과 모음을 각각 따로 만들었단다.
즉, 음양 사상을 토대로 모음을 만들고,
오행 사상을 토대로 자음을 만들었지."
"우아, 점점 흥미로워지는데요.
더 자세히 이야기해 주세요."

"모음에는 세 가지 기본 글자가 있어.
바로 너희 삼 형제야."
"우리 삼 형제요……?"
"그래, 하늘을 뜻하는 'ㆍ(아래아)',
평평한 땅 모양인 'ㅡ',
하늘과 땅 사이에서 가장 귀한 존재인 사람을 본뜬 'ㅣ'.
바로 너희 셋이 한글의 기본 모음이지.
여기서 하늘은 양, 땅은 음,
사람은 음과 양의 중간자인 셈이야."

"그럼 다른 모음들은 어떻게 생겨났어요?"
"하늘(천), 땅(지), 사람(인)을 뜻하는 기본 모음에
획을 더하여 만들었지.
예를 들면 'ㆍ'와 'ㅣ'를 합쳐서 'ㅓ(ㆍ+ㅣ=ㅓ)'를 이루고,
'ㅡ'와 'ㆍ'를 합쳐서 'ㅜ(ㅡ+ㆍ=ㅜ)'를 이루었지.
이렇게 해서 'ㆍ, ㅡ, ㅣ, ㅗ, ㅏ, ㅜ, ㅓ, ㅛ, ㅑ, ㅠ, ㅕ'
11개 모음이 탄생했어.
그러니까 너희 셋은 아주 소중한 존재야."

하나라도 빠지면 모음을 만들 수 없으니까."
내 말에 아래아는 몹시 뿌듯해했어.
"그럼 우리 삼 형제가 뭉치면 한글이 완성되는 건가요?"
"아니, 그렇지는 않아. 자음도 있어야 하지.
자음과 모음은 실과 바늘처럼 꼭 붙어 다녀.
바느질을 할 때 바늘이나 실 중 어느 하나가 없으면
나머지 하나도 제 기능을 못하잖니? 한글도 마찬가지야.
자음과 모음, 둘이 합쳐져야 비로소 글자가 된단다."

"그럼 자음은 어떻게 만들어졌나요?
문창살 모양을 본떠서 만들었다는 얘기도 들리던데……."
"하하하, 그건 얼토당토않은 얘기야.
세종 대왕은 말 소리가 나는 방식이 발음 기관과
밀접한 관련이 있다는 것을 알아냈어.
그래서 발음 기관의 모양을 본떠서 자음을 만들었지.

'ㄱ(기역)'을 예로 들어 볼까?

기역은 혀 안쪽이 목구멍을 살짝 막으면서 나는 소리인데,

이때 혀는 살짝 굽은 모양이 돼. 이 모양을 본떠서 'ㄱ'을 만들었지.

이렇게 만든 기본 자음이 'ㄱ(어금닛소리), ㄴ(혓소리),

ㅁ(입술소리), ㅅ(잇소리), ㅇ(목구멍소리)' 다섯 가지야.

이 글자들에 획을 더하여 'ㄱ, ㅋ, ㆁ', 'ㄴ, ㄷ, ㅌ, ㄹ',

'ㅁ, ㅂ, ㅍ', 'ㅅ, ㅈ, ㅊ, ㅿ', 'ㅇ, ㆆ, ㅎ', 총 17개의 자음을

만들었단다."

자음의 모양을 유심히 관찰하던 아래아가 말했어.

"좀 낯선 글자들이 눈에 띄네요.

ㆁ, ㆆ, ㅿ은 처음 보는데……,

아, 저처럼 사라진 글자들이로군요!

앞에서 잠깐 얘기하셨던."

"그래, 맞아! 사라졌다기보다

쓰임새가 비슷해서 다른 글자에

흡수되었다고 보는 편이 맞아.

이를테면 너, 'ㆍ(아래아)'는 오늘날 'ㅏ'로 발음해.

ㆁ(옛이응)은 'ㅇ(이응)' 발음에,

ㆆ(여린 히읗)은 ㅎ(히읗) 발음에,

ㅿ(반치음)은 ㅈ(지읒) 발음에 흡수되었지."

"그래도 지금은 볼 수 없으니 아쉽네요."

"한글은 600년 가까운 역사를 지니고 있어.

그 오랜 세월 동안 숱한 시련을 겪으며 변화했지."

"시련을 겪다니요?"

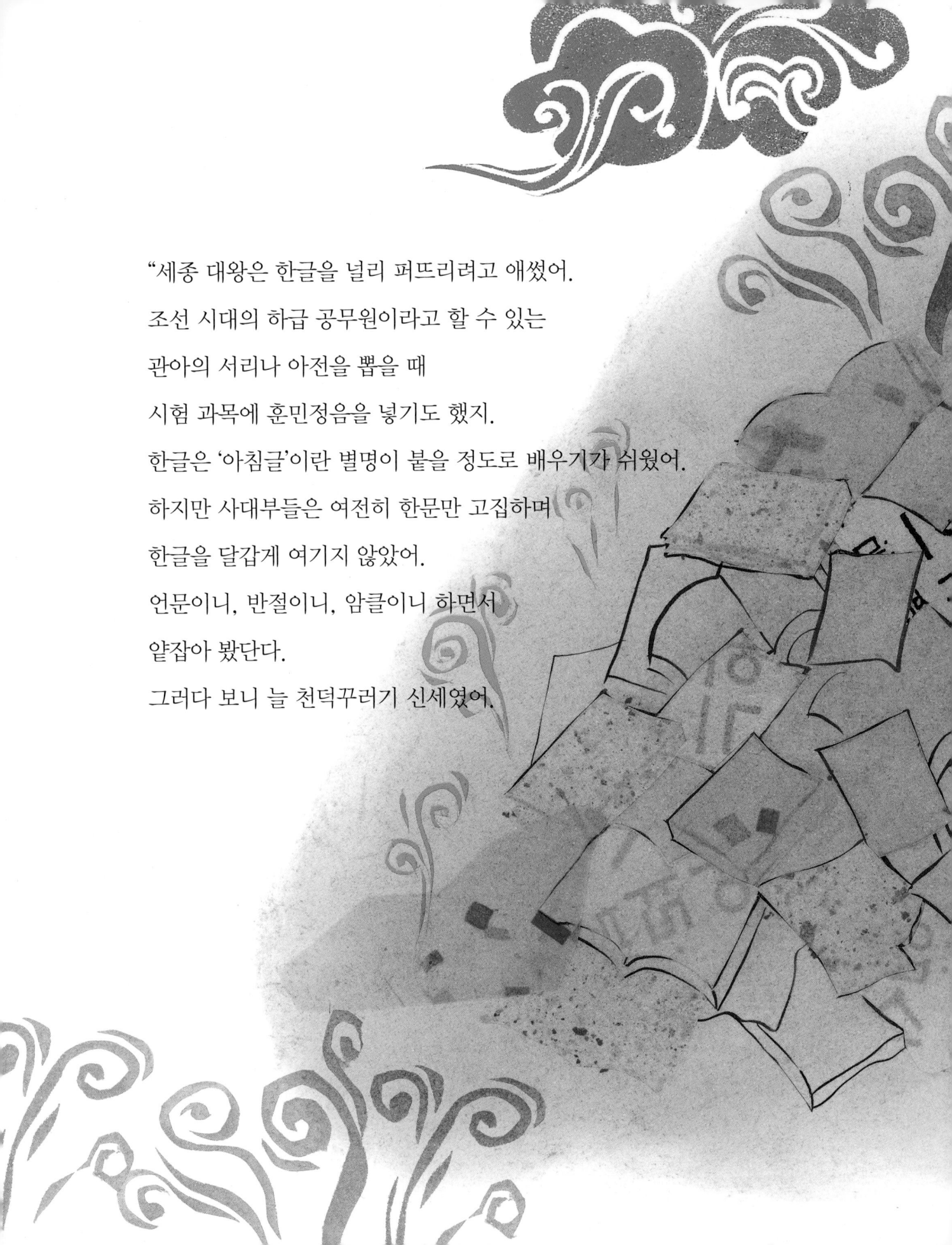

"세종 대왕은 한글을 널리 퍼뜨리려고 애썼어.
조선 시대의 하급 공무원이라고 할 수 있는
관아의 서리나 아전을 뽑을 때
시험 과목에 훈민정음을 넣기도 했지.
한글은 '아침글'이란 별명이 붙을 정도로 배우기가 쉬웠어.
하지만 사대부들은 여전히 한문만 고집하며
한글을 달갑게 여기지 않았어.
언문이니, 반절이니, 암클이니 하면서
얕잡아 봤단다.
그러다 보니 늘 천덕꾸러기 신세였어.

심지어 연산군은 '언문 금지령'을 내리기까지 했단다."
"금지령을요? 도대체 뭣 때문에요?"
"연산군은 조선 시대 왕 중에서도 폭군•으로 이름이 높아.
당시 백성들이 한글로 왕과 지배층의 비리를 고발하는
벽서•를 써 붙인 사건이 여러 차례 있었거든.
이에 화가 나서 한글로 된 책을
모조리 불사르고 사용을 금지한 거지."

폭군 사납고 악한 임금.
벽서 벽에 글을 쓰거나 써 붙임.

"참 한심한 임금이네요. 자신의 잘못은 모르고
애꿎은 한글에 화풀이를 했군요."
"맞아, 그런데 한편으로는 참 흐뭇한 일이야.
백성들이 자신들의 목소리를 한글로 전할 만큼
한글이 널리 퍼졌다는 뜻이니까."
"아, 생각해 보니 그렇네요.
그 후로는 어땠어요? 순탄한[•] 길을 걸었나요?"
"그렇지 못했어. 일제 강점기에 모진 수난을 겪었거든.
일제는 우리 국토뿐 아니라
정신까지 빼앗으려고 온갖 만행을 저질렀는데,
그중 하나가 한글을 탄압한 거야.
심지어 '조선어 말살 정책'을 펴서
우리말과 우리글을 아예 쓰지 못하게 했단다.
그러면서 창씨개명을 하고
일본말을 쓰도록 강요했지."

순탄하다 삶 따위가 아무 탈 없이 순조롭다.

"창씨개명? 그게 뭔데요?"

"우리 이름을 강제로 일본식으로 고쳐 부르도록 한 거란다."

"부모님이 지어 준 이름까지 바꾸게 하다니 정말 나빠요."

"그렇지, 그런데 한편으로는 이런 탄압이
우리말과 우리글을 더욱 소중하게 여기도록 만들었어.
나라를 빼앗기자 우리말과 우리글을 지키는 것이
곧 우리의 정신을 지키는 길이요,
독립을 이루는 일임을 깨달았거든.
그래서 조선어학회라는 단체가 생겨났어.
조선어학회에서는 한글의 소중함을 알리기 위해
1928년에 훈민정음 반포일(10월 9일)을
'한글날'이라고 이름 지었어.
이때부터 훈민정음이 '한글'이란 새로운 이름을 갖게 되었지."

"정말 놀랍네요. 우리가 무심코 쓰는 한글이란 말 속에
그런 뜻깊은 역사가 깃들어 있다니……!"

"더 놀라운 것도 있어.
일제 강점기, 한글 연구를 처음 시작할 무렵에는
한글이 어떻게 만들어졌는지 의문투성이였어.
문창살을 보고 만들었다는 얘기도 이때 나온 건데,
일제가 한글을 깎아내리기 위해 왜곡한 거야."
"아, 그렇군요. 그럼 한글의 비밀이 어떻게 풀린 거죠?"
"앞서 말했다시피 1940년에 전형필 선생이
바로 나, '훈민정음 해례본'을 찾아내면서 풀리게 되었지.
나는 훈민정음을 어떻게 만들었는지,
실제 글자의 쓰임새가 어떤지 등
한글에 관한 갖가지 비밀을 담고 있거든."
"그럼 대단히 귀중한 문화재네요!"
"물론이지. 그래서 1997년 유네스코에서
나를 세계 기록 유산으로 선정했단다."
"우아, 세계가 인정한 보물이네요?"
"그렇다마다! 한글 창제와 같은 일은
세계 어느 나라에도 유례가 없거든."

"정말 알차고 재미있는 얘기였어요.

한글이 얼마나 과학적이고 우수한 글자인지,

그 속에 얼마나 깊은 철학과 역사가 깃들어 있는지

더 많은 사람들이 알면 좋을 텐데……."

아래아는 안타까운 듯 말끝을 흐렸어.

나는 빙긋이 웃으며 대답했어.

"곧 그런 날이 올 거야.

조만간 한글날을 기념하여 특별 전시회를 열 예정이거든.

그 자리에서 많은 사람들에게 한글에 관한 이야기를 들려줄게."

내가 이야기를 마칠 무렵,

굳게 잠겨 있던 수장고의 문이 무겁게 열렸어.

나를 향해 뚜벅뚜벅 걸어오는 사람들의 발소리가 들렸지.

나를 데리러 온 모양이야.

마침내 내가 그토록 기다리던 날이 왔어.
수많은 관객들이 전시장에 몰려들었어.
모두들 나를 에워싸고 탄성을 질렀지.
"훈민정음 해례본이다! 정말 멋져!"
나는 나를 아끼는 사람들과 만나는
이 시간이 정말 행복하단다.

훈민정음 해례본이 들려주는 한글 이야기

한글은 우리나라 고유의 글자예요. 세종 대왕이 글을 몰라 어려움을 겪는 백성들을 안타깝게 여겨 만들었지요. 처음에는 훈민정음이라고 불리다가 1910년대에 학자들이 '한글'이라고 이름 지었어요. 한글은 1446년에 반포된 이후로 지금까지 온갖 역경을 겪었어요. 그러나 지금은 우수성을 인정받아 한글 해설서라고 할 수 있는 훈민정음 해례본이 유네스코 세계 기록 유산으로 지정되었답니다. 우리의 자랑스러운 문화유산 한글이 어떻게 만들어졌는지 좀 더 자세히 살펴봐요.

훈민정음과 한글의 역사

　조선 시대 때까지는 우리말을 표기*할 글이 없었어요. 그래서 한자의 음이나 뜻을 활용하여 표기했지요. 그런데 중국의 글인 한자는 무척 어렵고, 글자 수도 많아서 백성들이 익히기 어려웠어요. 한자를 쓸 줄 모르는 백성들은 억울한 일을 당해도 글로써 관아에 고할 수 없었어요. 세종 대왕이 농사에 관한 지식을 모아 책으로 엮어 배포하였지만, 그 또한 한자로 쓰여 있어 소용이 없었지요. 세종 대왕은 이런 백성들의 사정을 안타깝게 여겨 쉽고 빠르게 배울 수 있는 우리글을 만들기로 결심했어요. 집현전 학자들과 함께 음운* 연구를 거듭했지요. 사대부들은 그런 세종 대왕을 못마땅해했어요. 당시 조선은 중국을 섬겼기에 중국과 다른 글자를 만드는 것을 큰 나라를 모시는 예의에 어긋나며 오랑캐가 되는 일이라고 여겼지요. 그럼에도 세종 대왕은 우리글을 만들기 위한 연구를 멈추지 않았어요.

　1443년, 세종 대왕은 오랜 노력 끝에 우리글을 완성했어요. 그리고 백성을 가르치는 올바른 소리라는 뜻의 '훈민정음'이라는 이름을 붙였지요. 세종 대왕은 훈민정음을 만든 이유와 해설을 적은 책도 만들었어요. 바로《훈민정음 해례본》이지요. 세종 대왕은 3년이 지난 뒤인 1446년에 훈

표기 적어서 나타냄.
음운 말의 뜻을 구별하여 주는 소리의 가장 작은 단위. '님'이라는 단어에서 'ㄴ', 'ㅣ', 'ㅁ'을 각각 음운이라고 함.

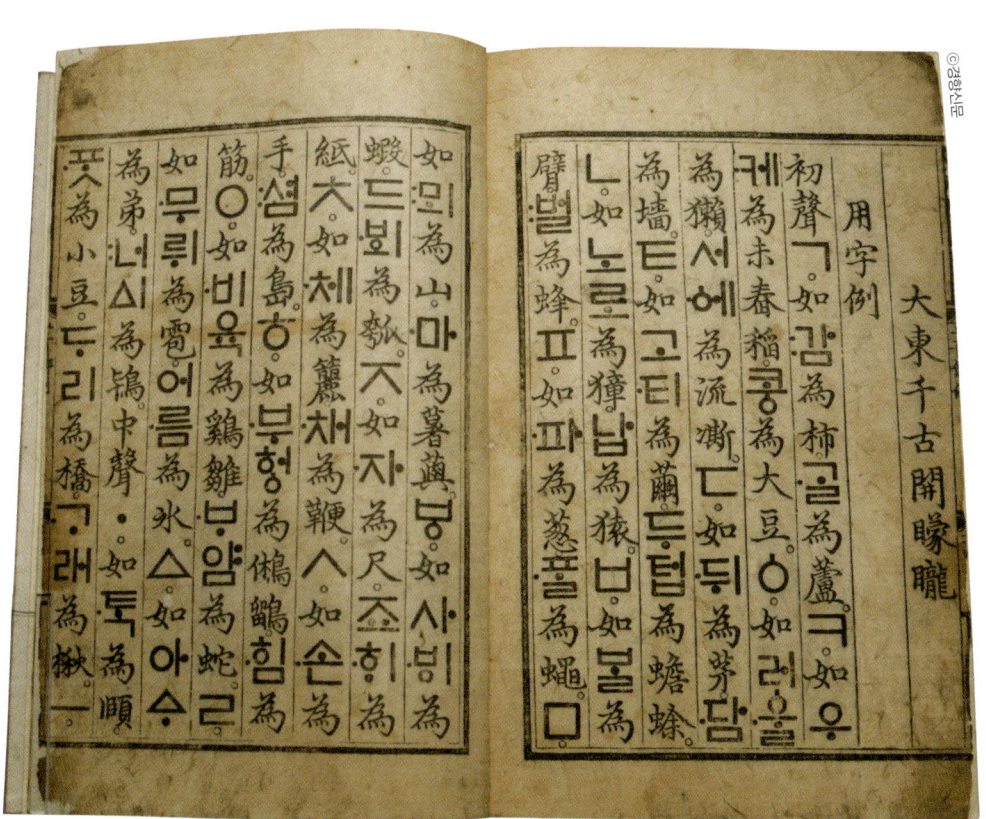

훈민정음 해례본 용자례(실제의 사용례) 일부.

민정음을 반포했어요. 그리고 훈민정음을 널리 알리기 위해 훈민정음을 보급하는 전문 관청인 언문청을 설치하고, 문서를 담당하는 관리들을 뽑을 때 훈민정음에 관한 시험을 보도록 했지요. 또 훈민정음으로 양반들을 위한 한자 발음 사전인 《동국정운》, 조선 왕조의 정당성을

훈민정음 해례본과 언해본

훈민정음 해례본은 예의와 해례로 나누어져 있어요. 예의는 세종 대왕이 직접 집필했으며, 한글을 만든 이유가 자세히 적혀 있지요. 해례는 정인지, 신숙주, 성삼문, 박팽년 등 집현전 학자들이 집필했고, 자음과 모음의 원리, 용법이 상세하게 적혀 있어요. 훈민정음과 관련된 또 다른 책 《훈민정음 언해본》은 훈민정음 예의 편을 한글로 쓴 책이에요. 언해본은 오늘날 4권이 전해지고 있답니다.

노래한 《용비어천가》 등을 펴냈어요.

양반들이 한글을 '언문', '암클(부녀자들이 쓰는 글)', '아햇글(어린아이들이 배우는 수준 낮은 글)'이라고 부르며 천대했지만, 세종 대왕의 바람대로 한글은 백성들 사이에 널리 퍼졌어요.

그러나 한글은 일제 강점기를 거치며 큰 위기를 맞았어요. 일제는 3.1 운동으로 우리 민족의 독립 의지가 불타오르자 우리 문화를 말살하려는 정책을 폈어요. 조선어 교육을 폐지하고, 우리말과 글을 쓰지 못하도록 했지요. 이에 맞서 한글을 연구하는 단체인 '조선어연구회'가 만들어졌어요. 이 단체는 1931년에 '조선어학회'로, 광복 후인 1949년에 학글학회로 이름을 바꾸어 오늘날까지 활동하고 있지요. 이들은 우리말 연구에 힘을 기울였어요. 맞춤법 통일안을 만들고, 기관지 《한글》을 만들었지요. 이때부터 '한글'이란 말이 널리 쓰이기 시작했다고 알려졌어요. '한글'은 1908년 한글학자 주시경이 만든 '국어연구학회'가 일제의 탄압에 못 이겨 단

한글날

세종 대왕이 훈민정음을 반포한 것을 기념하기 위한 날이에요. 《세종실록》에는 1446년(세종 28년) 음력 9월에 세종 대왕이 훈민정음을 반포한 것으로 쓰여 있어요. 이를 근거로 1926년에 조선어연구회가 음력 9월의 마지막 날 훈민정음 반포를 기념하는 행사를 열고, 이날을 '가갸날'이라고 불렀어요. 당시 한글을 가갸글이라 부르기도 했거든요. 그러다가 1928년에 '한글날'로 이름을 바꾸었지요. 해방 이후 날짜를 양력으로 다시 계산하여 오늘날과 같이 10월 9일을 한글날로 정하였답니다.

체 이름을 '배달말글모음'으로 고쳤다가, 1913년에 다시 '한글모'로 바꾸면서 쓰인 말이에요.

　1942년, 일제는 조선어학회를 독립운동 단체로 몰아 회원 33명을 잡아들이고 강제로 단체를 해산했어요. 1929년부터 사전 편찬 작업을 진행해 왔던 조선어사전편찬회도 1942년 초고를 완성하여 인쇄할 예정이었으나, 원고를 빼앗기고 회원들이 감옥에 갇히는 등 고초를 겪었지요. 다행히 1945년 해방 직후, 일제에게 빼앗겼던 원고가 서울역에서 발견되어 《조선말 큰 사전》이 세상에 나올 수 있었어요.

　한글은 일제의 숱한 만행에도 끝까지 살아남아 지금까지도 널리 쓰이고 있어요. 또한 《훈민정음 해례본》이 유네스코 세계 기록 유산으로 등재되는 등 세계적으로도 우수성을 인정받았답니다.

훈민정음은 어떻게 구성되어 있나요?

훈민정음은 모음과 자음으로 구성되어 있어요. 모음은 음양의 원리에 따라 만들어졌으며, 하늘(천)을 본떠 만든 'ㆍ(아래아)', 땅(지)을 본떠 만든 'ㅡ', 사람(인)을 본떠 만든 'ㅣ'가 기본형이지요. 이 기본형에 'ㅣ+ㆍ=ㅏ', 'ㅡ+ㆍ=ㅜ' 식으로 획을 더하여 11자의 모음 'ㆍ, ㅡ, ㅣ, ㅗ, ㅏ, ㅜ, ㅓ, ㅛ, ㅑ, ㅠ, ㅕ'를 만들었어요.

자음은 발음 기관의 모양을 본떠 만들었어요. 자음의 기본형은 'ㄱ, ㄴ, ㅁ, ㅅ, ㅇ'이지요. 'ㄱ'은 혀 안쪽이 목구멍을 막았다가 떼는 모양을 본뜬 글자로, 어금닛소리라고 해요. 'ㄴ'은 혀가 윗잇몸에 붙는 모양을 본뜬 글자로 혓소리라고 하지요. 'ㅁ'은 입이 붙어다가 떨어지는 모양을 본뜬 글자로 입술소리라고 해요. 'ㅅ'은 이의 모양을 본떠 만든 글자로 잇소리라고 해요. 마지막으로 'ㅇ'은 목구멍의 모양을 본떠 만든 글자로 목구멍소리라고 하지요. 이 기본 5자에 획을 더하여 17자의 자음 'ㄱ, ㅋ, ㆁ(옛이응), ㄴ, ㄷ, ㅌ, ㄹ, ㅁ, ㅂ, ㅍ, ㅅ, ㅈ, ㅊ, ㅿ(반치음), ㅇ, ㆆ(여린히읗), ㅎ'을 만들었답니다.

어금닛소리	ㄱ, ㅋ, ㆁ(옛이응)
혓소리	ㄴ, ㄷ, ㅌ, ㄹ
입술소리	ㅁ, ㅂ, ㅍ
잇소리	ㅅ, ㅈ, ㅊ, ㅿ(반치음)
목구멍소리	ㅇ, ㆆ(여린히읗), ㅎ

그런데 시간이 흐르면서 사람들이 자주 쓰지 않던 4글자 'ㆁ, ㆆ, ㅿ, ㆍ'는 사라졌어요. 'ㆁ(옛이응)'은 'ㅇ(이응)'처럼 발음했어요. 훈민정음 창제

당시에 ㅇ(이응)은 묵음, 즉 소리가 없었어요. 이때에는 글자를 모두 '자음+모음+자음' 형태로 썼거든요. 이 순서를 지키기 위해 '사람'이라는 말을 적을 때 빈 자음 자리를 'ㅇ(이응)'으로 채워 '상람'이라고 적었어요. 이때 'ㅇ(이응)'은 소리가 나지 않으므로 읽을 때는 '사람'이라고 읽었지요. 진짜 이응 발음이 나는 곳에는 ㆁ(옛이응)을 썼어요.

'ㆆ(여린히읗)'은 ㅇ과 ㅎ의 중간 발음, 'ㅿ(반치음)'은 ㅅ과 ㅈ의 중간 발음이에요. 'ㆍ(아래아)'는 'ㅏ'와 발음이 똑같아요. ㆍ(아래아)는 지금은 사라진 글자이지만 핸드폰 문자 기능에 남아 있어 익숙해요.

이 외에 훈민정음 28자에 들어가지 않는 '순경음(ㆄ, ㅽ, ㅱ, ㅸ)'이 있었어요. 순경음은 입술가벼운소리로, 본래 음인 ㅁ, ㅂ, ㅍ, ㅃ보다 조금 약하게 발음되는 말에 쓰였다고 해요. 순경음은 중국어를 발음하기 위해서 만들어졌어요. 발음하기 어려운 중국어가 많아서 이 순경음을 사용했지요. 본래 순경음은 'ㆄ', 'ㅽ', 'ㅱ', 'ㅸ' 이렇게 네 글자였지만 실제로 표기된 글자는 'ㅸ(순경음 비읍)'밖에 없다고 해요. 하지만 지금은 이마저도 사라지고 없답니다.

간송 전형필은 누구인가요?

일제 강점기에는 우리 문화재를 약탈해 가려는 도굴꾼들이 많았어요. 이들이 약탈한 문화재는 대부분 일본으로 넘어갔지요. 간송 전형필은 우리의 소중한 문화재가 일본으로 넘어가는 것을 무척 안타까워했어요. 문화재를 지키는 것이 일제가 말살하려는 우리 민족 정신을 지키는 길이라고 생각했지요. 그래서 자신의 전 재산을 들여 문화재를 수집하기로 마음먹었어요. 그리고 이렇게 모은 문화재를 체계적으로 관리하고 연구하기 위해 우리나라 최초의 사립 미술관인 '보화각'을 세웠어요. 이 미술관이 오늘날 간송 미술관이지요.

간송 미술관 전경.

간송 전형필은 김정희, 김홍도, 장승업 등 조선 시대를 대표하는 화가들의 작품을 수집하였어요. 고서에도 관심이 많아 1만여 권이 넘는 책을 수집하였지요. 그중 가장 아끼던 책이 바로 《훈민정음 해례본》이에요. 그는 이 책을 피란길에 가지고 떠났으며, 잠잘 때에도 베갯속에 넣어 지켰어요.

전형필은 우리나라 최초의 학교인 보성 학교가 어려움에 처하자, 학교를 인수하여 운영하기도 했어요. 일제의 정책에 반하는 행동을 한다는 이유로 조선 총독부의 탄압을 받았지만, 전형필은 끝내 굴하지 않고 우리 민족의 얼과 문화를 지키고자 노력했지요.

간송 미술관에는 전형필이 수집한 수많은 문화재가 보관되어 있어요. 미술관에서 여는 전시회를 통해 아름답고 소중한 우리 문화재를 만날 수 있답니다.

고서 아주 오래전에 간행된 책.

| 작가의 말 |

세계를 놀라게 한 우수한 우리 문자, 한글

사람은 태어나면서부터 말을 배우기 시작해요. 그 뒤로는 하루도 빠짐없이 말을 하면서 살지요. 엄마 아빠랑 알콩달콩 재미난 이야기를 하고, 친구랑 수다를 떨고, 선생님에게 질문을 하면서 말이에요.

그런데 말은 실체가 없어요. 입 밖으로 나와도 눈에 보이지 않아요. 말을 하는 순간 마치 연기처럼 어디론가 사라져 버리지요. 그런데 말을 사라지지 않게 하는 마술이 있어요. 바로 문자로 기록을 남기는 거예요. 문자로 기록을 남기면 산산히 흩어지는 말을 붙잡아 둘 수 있지요.

문자는 인류의 문명이 발전하는 데 큰 밑거름이 되었어요. 인류는 문자를 통해 자신의 생각과 느낌을 표현하고, 갖가지 소식을 주고받고, 수많은 지식과 정보를 전달하고, 후세에 역사를 전했지요.

각 나라와 민족은 저마다 고유한 문자가 있어요. 이 문자들은 대부분 아주

오랜 시간에 걸쳐 관습적으로 만들어졌어요. 그래서 누가 언제 어떻게 만들었는지 분명하지 않아요. 그러나 우리 민족의 고유한 문자, 한글은 달라요. 만든 사람이 분명하고 만든 이유 또한 명확해요. 세종 대왕이 글을 모르는 백성들을 위하여 만들었지요. 세종 대왕은 한글에 담긴 철학과 과학적인 창제 원리를 후대에 전하기 위해 《훈민정음 해례본》이라는 책도 만들었어요. 전 세계의 수많은 문자 가운데 창제자가 분명한 것은 오직 한글밖에 없답니다.

한글은 만들어진 이후 제대로 대접을 받지 못했고, 일제 강점기에 크나큰 시련을 겪었어요. 그럼에도 한글이 지금까지 전해 내려올 수 있었던 이유는 수많은 사람들이 한글을 지키고, 우수성을 알리고자 노력했기 때문이에요.

여러분도 한글에 깃든 갖가지 비밀을 들여다보고 한글을 창제한 세종 대왕의 마음도 헤아려 보길 바라요. 아울러 한글의 가치를 깨닫고 소중하게 가꿔 가길 바랍니다.

2018년 한글날 즈음에
장세현

자음과 모음은 실과 바늘처럼 꼭 붙어 다녀야 해.
바느질을 할 때 바늘이나 실 중 어느 하나가 없으면
나머지 하나도 제 기능을 못하잖니? 한글도 마찬가지야.
자음과 모음, 둘이 합쳐져야 비로소 글자가 된단다.